AF542932

UNE JEUNE SAINTE

BAUCHE ET Cie, ÉDITEURS

PARIS
31, RUE CASSETTE, 31

LYON
6, PLACE BELLECOUR, 6

1865

UNE JEUNE SAINTE

BAUCHU ET CIE, ÉDITEURS

PARIS
31, RUE CASSETTE, 31

LYON
6, PLACE BELLECOUR, 6

1865

UNE JEUNE SAINTE

Elle a peu vécu, mais elle a rempli
la course d'une longue vie.
(SAG.)

Dieu est bon. Il fait lever son soleil sur toutes les contrées du monde. Mais il est des régions privilégiées où, sous l'influence de plus chauds rayons, la nature s'épanouit plus riante et plus belle, les fruits mûrissent plus savoureux et plus embaumés.

De même dans le monde des âmes. Sur toutes, sans exception, brille le beau soleil de l'amour divin. Mais il en est que le bon Dieu se plaît à inonder d'une lumière plus pénétrante et plus douce, et à mûrir de bonne heure pour sa gloire et pour leur éternelle félicité.

Telle a été l'âme de la jeune et aimable sœur

Marie-Louise-Émilie Denis, du tiers ordre de la Pénitence de Saint-Dominique, retournée à Dieu, de la ville de Reims, le 27 juin de l'année 1865, la vingt-troisième de son âge.

Je veux dire comme elle fut bonne, comme elle fut grande par le cœur, cette simple enfant des champs, qui ne reçut d'autre instruction que celle qui se donne au village, mais dont l'esprit, suivant le mouvement du cœur, se trouva tout à coup au niveau des plus belles intelligences, tant elle sut aimer Dieu ! Cette douce figure a ravi tous ceux qui en ont joui, de près ou de loin. Aujourd'hui l'ange a disparu. Mais la trace de l'ange s'envolant vers le ciel a été marquée par le parfum des vertus de la sainte. Or, il est doux à l'œil de suivre cette trace lumineuse, il est bon à l'âme de respirer ce parfum béni.

A peine sortie du berceau, la petite Zélie donnait déjà des signes surprenants de l'exquise tendresse de son cœur. La vue d'un malheureux la faisait pleurer ; elle ne savait pas être joyeuse quand tout le monde ne l'était pas autour d'elle. Aussi connut-elle de bonne heure le secret qui fait les saints, je veux dire l'oubli de soi pour autrui, l'art de souffrir par amour, cette vertu étonnante que l'on vit fleurir un jour sur le Calvaire, alors que le Sauveur des hommes, oubliant qu'il était Dieu pour ne songer qu'à notre misère, se coucha sur une croix, et mourut d'amour pour nous.

Elle avait cinq ans. Sa mère, — son heureuse et infortunée mère ! — lui avait acheté des cerises, les premières de l'année; c'était toute une fête : le pays n'en produit pas. L'enfant les reçoit joyeuse dans son petit tablier, puis sort de la maison avec un air à la fois heureux et préoccupé. Où va-t-elle ainsi ? On ne put le savoir que plus d'une heure après. Toute essoufflée, la voilà qui revient, tenant toujours ses cerises enfermées dans son tablier, mais cette fois triste et toute en larmes.

« Qu'as-tu donc pour pleurer ainsi ? »

Pour toute réponse, les sanglots augmentent.

« Voyons, dis-nous pourquoi tu es si désolée ? »

A la fin, elle répond : « Eh bien, là, je n'ai pas pu le retrouver...

— Le retouver... et qui donc as-tu cherché ?

— Mais, mon petit ramoneur qui est venu ce matin demander l'aumône.

— Ton petit ramoneur ! en vérité, que lui voulais-tu à cet enfant noir que tu ne connais pas ?

— Eh bien ! je voulais lui donner mes cerises, là. Il n'a pas comme moi de maman pour lui en acheter, lui; et je suis bien sûre qu'il les aime beaucoup aussi, les cerises ! »

Oh ! bon petit cœur de cinq ans, que tu étais déjà grand par la charité ! Comme tu préludais harmonieusement à cette belle vie, toute faite d'amour et de douleur, qui devait être pour les hommes un si aimable exemple, et pour Dieu une si agréable hostie !

Sa grande affection sur la terre a été son frère, plus âgé qu'elle de sept ans. Un jour que la petite sœur souffrait déjà sur son lit du mal qui devait lentement la conduire à la tombe, il parut beau au jeune collégien de lever l'étendard de la révolte, de s'enfuir de la maison paternelle, et de s'égarer le plus loin possible au milieu des belles forêts qui couronnent le village natal[1]. A son point de vue c'était de l'héroïsme. Cependant sa fierté magnifique commençait à entrer en marché avec la faim qu'avaient amenée les heures écoulées, lorsqu'il crut entendre un petit cri. Il prête l'oreille. — « Mon frère ! » disait une jeune voix pleine d'amour et de larmes, « mon frère, où es-tu ?... Oh ! réponds-moi, je suis ta petite sœur qui t'apporte de la nourriture : tu dois avoir si faim ! » Et la noble enfant, sortie de son lit, malade et à la dérobée, pour secourir son grand frère, tombait d'épuisement et de fatigue aux pieds du déserteur ému, en lui tendant le panier de provisions que son cœur d'ange lui avait donné la force d'apporter jusque-là.

Chez l'enfant, comme plus tard chez la jeune fille, le dévouement pour les pauvres fut aussi ingénieux qu'héroïque. Plusieurs fois on la trouva, dans sa

[1] Verzy, près de Reims.

propre chambre, environnée de petits mendiants qu'elle lavait, peignait, vêtissait de son mieux. Aussi, les pauvres petits êtres la connaissaient tous, et accouraient à elle comme à une sœur aimée. Ils l'appelaient *la bonne demoiselle.* Une fois, entre autres, ils étaient là six ou sept. Le plus jeune avait les pieds déchirés. Elle le pansait en pleurant. On lui témoigna de la surprise en la voyant, elle naturellement si délicate, entourée de guenilles infectes... « Oh ! dit-elle, je les aime ces chers enfants ; je voudrais les garder tous près de moi... Que ne puis-je les suivre et veiller sur eux ! »

Le jour vint où son frère tant aimé dut se séparer d'elle pour revêtir l'habit du tiers-ordre enseignant de Saint-Dominique. La douce enfant eut le cœur brisé. Mais, devenue jeune fille, elle comprit qu'elle aussi, elle devait faire un grand sacrifice. Elle écrivit au nouveau religieux : « Jusqu'ici, mon frère, j'ai manqué de générosité en ce qui te concerne ; je t'aimais trop pour moi-même, et je n'acceptais pas ton sacrifice... Désormais, je veux que mon affection pour toi n'ait plus rien de personnel. » — Pure à l'égal d'un petit enfant, elle se reprochait les moindres mouvements de son cœur : « La joie que j'éprouve à penser que tu es guéri, mon bon ami, me montre que j'ai encore beaucoup à travailler sur ma pauvre nature. — Je suis effrayée de voir combien je suis encore mondaine. Croirais-tu que j'ai de la peine à m'habituer à cette pensée, que mon frère n'a plus qu'une couronne de cheveux ? »

Elle avait gardé comme un trésor toute la correspondance de son ami absent. Ces lettres qu'elle lisait et relisait avec un plaisir toujours nouveau, elle les réunit un jour toutes ensemble et les brûla. Le sacrifice plut à Dieu. Car dès-lors le monde n'eut plus aucun attrait aux yeux de la sainte enfant. Toutes les puissances de son âme si douce et si tendre se tournèrent du côté du ciel. « Je souffre beaucoup intérieurement, écrivait-elle encore à son frère devenu prêtre, et pourtant, bien que je n'aime pas Dieu, je sens que je donnerais mille vies pour lui prouver du moins que je voudrais l'aimer. » — Son entrée en religion était devenue son rêve favori. Elle avait besoin de donner une forme à son amour, de faire du bien aux créatures en aimant le Créateur. Il faut aussi qu'elle eut conscience des trésors de dévouement qu'elle portait dans son cœur ; car, de plus en plus souffrante malgré les soins que sa famille lui faisait donner à Reims, elle ne désirait recouvrer la santé que pour communiquer à d'autres âmes l'ardente soif du bien qui brûlait la sienne. « Si j'avais la santé, disait-elle, je la consacrerais à Jésus-Christ, pour lui plaire d'abord, et ensuite pour assouvir le besoin que j'éprouve de me rendre utile. » Et dans une autre occasion : « Je m'occupe avec bonheur, autant que mes forces me le permettent. Oh ! ceux qui jouissent d'une bonne santé ne savent guère combien il est doux de travailler : l'inaction est ma plus grande pénitence. — Je travaille sur mon lit pour les petits enfants pauvres que j'ai toujours tant aimés. Ils ne me connaîtront pas, les chers petits, et je ne les verrai jamais... Je me trompe, ils me connaîtront et je les verrai au ciel. »

Dieu s'est contenté de ces élans généreux vers la vie religieuse active. Comme s'il eût craint de diminuer les mérites de sa sainte, en lui accordant la glorieuse satisfaction du bien accompli, il n'a pas permis qu'elle se relevât de ce lit de douleur où elle devait tant souffrir et tant aimer.

Elle s'est soumise en souriant.

Le rôle de victime passive que lui envoyait la Providence, elle l'a accepté avec la même simplicité d'esprit, la même ardeur d'âme qu'elle eût mise dans une vocation de dévouement réalisée. « Je veux oublier que j'ai une volonté, pour ne m'attacher qu'à la vôtre, ô mon Dieu. » Joies, peines, consolations, chagrins, quoi qu'il arrivât, c'était toujours la même égalité d'âme. Son Dieu le voulait, c'était assez pour qu'elle fût heureuse : tant elle avait marché vite, portée sur les ailes de l'amour souffrant, vers ces horizons radieux où finit la terre et commence le ciel, à ce doux et mystérieux rendez-vous des cœurs épris de l'éternelle Beauté, dans ces régions lumineuses et sereines où l'âme voit déjà Dieu face à face, s'entretient avec lui, ne veut que ce qu'il veut, n'aime que ce qu'il aime, ne vit que pour lui, ne fait plus qu'une seule et même chose avec lui !

Ce fut pendant cette longue et cruelle maladie que saint Dominique, voyant cette belle âme du haut de son trône de Patriarche, fut sans doute pris d'une divine tendresse pour tant de vertu, puisqu'il la voulut pour son enfant. La malade reçut l'habit du tiers ordre de la Pénitence en pleurant de bonheur [1]. Il fallut les défenses les plus sévères pour empêcher la novice de réciter son office tout entier, et de suivre sa nouvelle règle au détriment de ce qui lui restait de force et de santé. Elle écrivait alors : « C'est fini, j'appartiens pour toujours à Notre-Seigneur ; je suis son épouse. Je lui ai donné sans réserve tout ce qui reste de vie à mon pauvre corps : c'est un bien petit présent ; mais mon cœur, lui, n'est pas malade, et je le lui ai donné aussi. »

Condamnée depuis longtemps par les médecins, elle brûlait du désir de mourir, pour voler à Jésus, l'époux de son choix. « Sœur Marie [2] m'a conduite au cimetière aujourd'hui. Il me semble que j'y respire plus à l'aise que partout ailleurs. Je me disais

[1] Jusqu'à sa mort elle a témoigné une singulière reconnaissance pour le R. Père Lion qui avait bien voulu lui donner l'habit de son ordre.

[2] Religieuse de l'Espérance qui la soignait et qui était devenue une amie pour elle.

avec joie : Personne ne peut m'empêcher de mourir; j'ai ce droit, *de pouvoir mourir;* il me suffit, je ne tiens pas aux autres. » Le jour des morts, elle écrivait avec une touchante mélancolie : « Les cloches sonnent. Ah! que j'ai de joie de songer qu'un jour aussi elles sonneront pour moi!... Deux petits oiseaux sont venus chanter sur ma fenêtre : ils étaient bien beaux; j'ai causé avec eux. »

Elle aimait la mort, l'admirable enfant, et pourtant elle ne demandait pas même cette austère faveur. Souffrir, souffrir encore, souffrir en aimant, voilà la faveur qu'elle ambitionnait. « Je suis bien contente, ce soir. — Pourquoi? — Parce que j'ai beaucoup souffert toute la journée. » — « Tu ris seule, ma chère enfant, qu'est-ce qui te fait rire ainsi? — Parce que je sens que ma poitrine se déchire... » Puis se reprenant : « Pardon, mon Dieu, j'ai désiré mourir! » Un autre jour : « Je suis presque mécontente de mon époux. Hier et avant-hier il avait accordé à mes prières une partie de sa couronne d'épines, et voilà qu'aujourd'hui je ne souffre presque plus : ce n'est pas bien! »

Une telle résignation ne s'expliquerait pas, si les souffrances imposées par Dieu n'avaient été préparées de longue main par des souffrances volontaires. Sœur Marie, la confidente de ses pensées intimes, a raconté que, de 14 à 19 ans, la courageuse et sainte jeune fille livrait son corps aux plus dures mortifications. Ce n'est qu'après sa mort que la famille s'est doutée de ces pénitences secrètes, sur lesquelles la religieuse a reçu des détails que seule elle connaît.

Il fallait, en effet, qu'elle fût bien familiarisée avec la souffrance. Sa maladie exigeait une opération fort douloureuse, qu'elle devait subir à des époques déterminées. Voyant qu'à chaque opération le médecin lui faisait une nouvelle plaie, elle fut prise d'une fantaisie que l'amour seul peut inspirer. L'admirable patiente supplia le docteur de vouloir bien prendre ses mesures pour que toutes ces plaies réunies formassent une large croix sur sa poitrine. Ce qui fut fait. La jeune martyre de l'amour a emporté dans le tombeau ce signe sacré, tracé sur son sein comme le résumé sublime de son angélique vie, et, dans sa pensée, comme le gage sanglant de l'amour qui la liait à tout jamais à son bien-aimé Jésus.

Peut-être est-ce à cette source, creusée près de son cœur, qu'elle puisa le sang avec lequel elle Lui écrivit les deux billets suivants, trouvés après sa mort dans une boîte secrète.

PREMIER BILLET.

« Je vous aime, ô mon Jésus ! Faites que je vous aime encore davantage. Brûlez mon cœur de votre amour... Qu'ai-je donc fait, ô mon Jésus, pour que vous me combliez de tant de faveurs? »

DEUXIÈME BILLET.

« Mon exil durera-t-il encore longtemps, ô mon doux Jésus? quand donc délierez-vous mon âme des liens qui la retiennent encore loin de vous? Vous voyez bien que je soupire, que je languis, loin de vous, ô mon céleste époux! »

C'est que l'amour de la croix ne va pas sans l'amour du divin crucifié; c'est que ce cœur n'était si avide des âpres voluptés de la souffrance que parce qu'il était avide d'aimer celui qui a tant souffert pour le monde. O mystère de l'amour! Une jeune fille délicate et maladive accepte et boit en riant le calice de la passion douloureuse. Elle demande à Jésus sa couronne d'épines pour en ceindre son front comme d'un ornement de fête! Elle use sur son faible corps les fouets sanglants de la flagellation! Puis, elle veut qu'on ouvre sa poitrine en forme de croix, comme si elle voulait pouvoir dire au Sauveur : Moi aussi je t'aime, ô mon Bien-Aimé! moi aussi j'ai le cœur percé pour toi du glaive amer de la douleur!

Son directeur la faisait communier fréquemment. Elle l'écrivait à son frère, et elle ajoutait : « Quoique je sois bien indigne de recevoir mon Jésus si souvent, j'en suis bien contente, tant le besoin que j'ai de m'unir à lui est grand. Je sens en moi un vide, un ennui continuel, je suis comme un corps sans âme quand je passe deux ou trois jours sans communier. »

C'est sans doute après une de ces communions tant désirées qu'elle tirait de son cœur ces accents à jamais mémorables :

« O mon Sauveur, faites que je vous aime d'un amour extraordinaire. Que mon cœur soit à vous tout entier! mais que dis-je? Vous ne demandez pas mieux que d'être aimé par moi, puisque vous ne cessez de me dire tout bas : Donne-moi ton cœur. Oh! je veux répondre à l'appel de mon Bien-Aimé : il est à lui, ce cœur qu'il désire, il est à lui tout entier, sans réserve, pour toujours!... Mon Dieu! mon Jésus! mon ami! mon époux! que je vous aime!... encore plus, Seigneur! encore plus... O mon Dieu! à la vue de votre grandeur, je ne sais ce que je dis, mais je sens! »

Comme Imelda, comme Rose de Lima, comme Émilie, ses sœurs en religion, aujourd'hui ses compagnes de gloire dans le ciel, notre jeune sainte n'avait rien de sombre, rien de triste dans son admirable piété. Elle aimait les fleurs. La vue des oiseaux la réjouissait. Un matin, une petite mouche vint se désaltérer au bord de sa cuvette. Elle le vit et en fut remplie de joie. « Que j'aime aujourd'hui! » s'écria-t-elle au premier jour de mai; « c'est Marie qui me vaut cela : j'ai toujours tant aimé la mère de mon Sauveur! » La musique la jetait dans l'extase. Des accords arrivèrent un soir jusqu'à elle par sa fenêtre entr'ouverte : « Mon Dieu, que c'est beau!... que je vais être heureuse au ciel, avec l'harmonie des anges! » Elle riait volontiers. « Je pourrais bien mourir sans m'être confessée immédiatement; mais je dirai au bon Dieu, pour m'excuser, que le docteur m'avait défendu de parler... et puis, si Notre-Seigneur veut me mettre en purgatoire, je lui dirai : Vous êtes un méchant époux! j'ai souffert pour vous toute ma vie, et maintenant voilà que vous me faites attendre!

C'était deux jours avant sa mort. Les yeux fermés, elle souriait silencieuse. « A quoi penses-tu? » lui dit son frère, qui était venu recueillir son dernier soupir. « Je pense que je suis vraiment la fille de saint Dominique, puisque la plupart des saintes et bienheureuses de notre ordre ont passé leur vie, comme moi, à souffrir de toute manière. » Quelqu'un lui demanda alors en riant à laquelle des bienheureuses de l'ordre elle croyait le plus ressembler. « Mais, répondit-elle gaiement, si cela ne déplaît pas à saint Dominique, j'espère bien qu'il fera de moi un original, et non une copie! » Peu après elle ajouta avec une sorte de tristesse : « Mon Dieu, je parle d'être bienheureuse, et je vaux si peu... mais je vous aime tout de même bien, allez! »

Les âmes qui ont eu le bonheur d'approcher de cette âme savent l'impression profonde et céleste qu'elles ont reçue de ce précieux contact. L'humble enfant en souffrait, et s'en plaignait avec une humilité qui émeut. « Pour être franche, mon cher frère, je te dirai que les compliments des personnes qui m'entourent m'humilient beaucoup; car je crois qu'involontairement je trompe tout le monde. Je me dis cela bien souvent, en voyant combien on m'aime et on me recherche ici. Je ne mérite certainement pas d'être aimée ainsi. Je voudrais que l'on connût mieux mes misères... mais patience, cela viendra. » Oh! que voilà bien le langage de la vraie humilité, étrangère à ses propres mérites parce qu'elle est toujours attentive à ses défauts; et comme on reconnaît bien, dans ces paroles, les accents uniques et inimitables de la sainteté qui charme tout le monde, excepté elle-même!

Le docteur[1] qui l'a soignée pendant toute sa maladie déclarait que, dans sa longue pratique de 45 ans, il avait vu bien des personnes pieuses, mais jamais rien qui approchât d'une perfection aussi complète et

[1] Le digne et respectable M. Decès, médecin de Reims.

aussi aimable. « Je l'aime comme mon enfant, disait-il, et je la vénère comme une sainte. » — « D'où vient, disait de son côté un officier supérieur[1] qui venait la visiter en qualité d'ami de son frère, d'où vient que la vue de cette simple jeune fille m'a plus troublé et plus ravi que jamais je ne l'ai été en présence des plus grandes dames du monde? »

Un religieux[2] qui se connaît aux âmes, et qui avait eu l'occasion d'apprécier celle de sœur Émilie, écrivait au révérend Père Denis, ce frère qui a occupé une si large place dans son cœur : « Ce qui me frappe le plus en elle, c'est la sublime simplicité avec laquelle elle aime Dieu... Quant à son âme, c'est celle d'un ange, et j'ai emporté de cette visite un souvenir qui me reste comme un parfum de sainteté. » Et il terminait en disant : « Après avoir été l'objet d'une si grande et si sainte affection, on ne peut plus donner son cœur qu'à Dieu, à moins de déroger. »

« Quand je veux prier pour ma *petite mère*, disait naïvement sa jeune sœur, je ne sais rien dire au bon Dieu. »

Celui qui recueille et choisit entre mille ces témoi-

[1] Tout le monde à Verzy a été tellement ému et édifié par le pieux dévouement de M. Gaillard, commandant d'état-major, présent à la cérémonie funèbre, que je ne puis m'empêcher d'en exprimer ici ma profonde admiration.

[2] Le très-révérend Père Lécuyer, vicaire-général du tiers-ordre enseignant de saint Dominique.

gnages de sainteté, n'a pas eu l'honneur de connaître sœur *Marie-Louise-Émilie* vivante, mais il lui a été donné de la contempler sur son lit de mort, souriante comme en un rêve heureux. Oh! il la verra longtemps, la jeune élue, dormant dans sa tombe couverte de fleurs blanches, comme un enfant dans son berceau! L'ange, en prenant son essor, avait sans doute touché de son aile l'enveloppe terrestre, et l'enveloppe terrestre avait gardé comme un reflet de la beauté de l'ange. Oui, pleurez, jeunes filles! car vous avez perdu dans votre amie le modèle de la candeur et de l'innocence; pleurez, petit frère et petite sœur! car il s'est envolé, le génie bienfaisant qui veilla sur votre double berceau; pleurez surtout, ô vous qui fûtes son père et sa mère selon la nature; cette enfant dont vous faisiez à juste titre la joie et l'orgueil de vos vieux ans, elle est partie pour le pays du ciel! Oh! oui, pleurez! mais aussi, réjouissez-vous! car cette enfant, cette sœur, cette amie, ce fut un *ange* sur la terre, c'est une *sainte* dans le ciel.

Voyez ce religieux dont le regard est fixé sur la tombe qui va se refermer. Il l'aima comme personne ne l'a aimée ici-bas, si ce n'est sa mère; et pourtant il ne pleure plus, lui; il a voulu prier pour elle; mais, comme sa jeune sœur, il n'a su que demander à Dieu. Voilà pourquoi son âme de prêtre s'est plu à suivre jusqu'au ciel l'âme envolée de la sainte; voilà pourquoi cette prière que murmurent ses lèvres, ce n'est pas une demande de secours, mais une action de grâces; ce n'est pas l'hymne funèbre de la mort, mais le doux et harmonieux cantique de l'éternelle vie!

Fr. Marie-Dominique LIGONNET,

T. O. D.

PARIS. — IMPRIMERIE PILLET FILS AÎNÉ, RUE DES GRANDS-AUGUSTINS, 5.

PARIS. — IMPRIMERIE A. PILLET FILS AINÉ
RUE DES GRANDS-AUGUSTINS, 5.

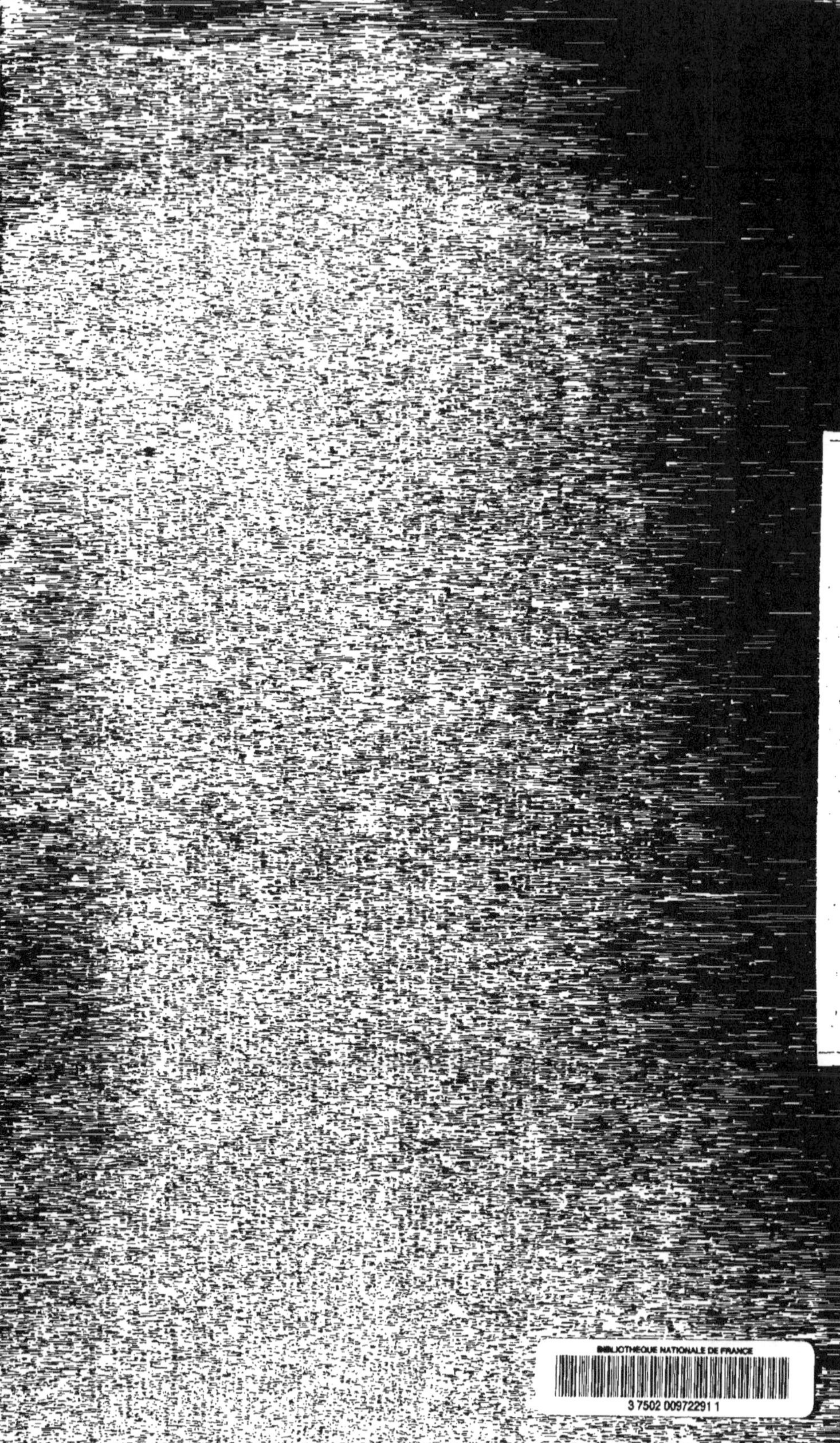

www.ingramcontent.com/pod-product-compliance
Lightning Source LLC
LaVergne TN
LVHW010309230826
846091LV00007BB/2797